PARIS. — IMPRIMERIE COSSE ET J. DUMAINE, RUE CHRISTINE, 2.

INSTRUCTION EXPLICATIVE

DES

TABLES TOURNANTES

D'APRÈS LES PUBLICATIONS
ALLEMANDES, AMÉRICAINES, ET LES EXTRAITS DES JOURNAUX ALLEMANDS
FRANÇAIS ET AMÉRICAINS

PAR

FERDINAND SILAS

Précédée d'une introduction sur l'action motrice du fluide magnétique

PAR

HENRI DELAAGE

PRIX : 75 CENTIMES

PARIS

HOUSSIAUX | DENTU
3, rue du Jardinet St-André-des-Arts. | Palais-Royal, galerie d'Orléans

1853

DES

TABLES TOURNANTES

D'APRÈS LES PUBLICATIONS
ALLEMANDES, AMÉRICAINES ET LES EXTRAITS DES JOURNAUX ALLEMANDS
FRANÇAIS ET AMÉRICAINS

PAR

FERDINAND SILAS

Précédée d'une introduction sur l'action motrice du fluide magnétique

PAR

HENRI DELAAGE

Vide, et noli esse incredulus.
(HYMNE.)

PARIS

HOUSSIAUX | DENTU
3, rue du Jardinet-Saint-André-des-Arts | Palais-Royal, galerie d'Orléans

1853

INTRODUCTION.

ACTION MOTRICE DU FLUIDE MAGNÉTIQUE.

> Mens agitat molem.
> L'esprit agite la matière.
> VIRGILE.

Le XIXe siècle, dans sa première moitié, semble avoir reçu pour mission d'étudier les propriétés de la matière et d'en analyser les éléments constitutifs. Une gloire infiniment plus merveilleuse est réservée à la seconde dans laquelle nous, fils de l'avenir, nous venons d'entrer le cœur haut et le visage auréolé des lueurs célestes des divines espérances, car il fera de toutes les sciences des chemins qui conduiront à l'infini, c'est-à-dire à Dieu. Le magnétisme a jeté les lueurs de son flambeau magique sur les mystérieux ressorts de l'organisme humain, et l'homme, à cette clarté, s'est contemplé dans sa conscience comme dans un miroir, et il a retrouvé en lui l'image de la divine trinité.

L'homme a en lui trois parties : l'âme, l'esprit et le corps. Nous avons étudié dans d'autres ouvrages l'empire de Dieu sur les âmes, examinons aujourd'hui l'action de l'esprit de l'homme sur la matière qu'il anime de sa vie, comme jadis le Titan Prométhée anima l'argile en y insufflant la flamme éthérée de l'esprit, source de la force, du mouvement et de la vie. Il existe un fluide magnétique très-subtil, lien chez l'homme entre l'âme et le corps; sans siége particulier, il circule dans tous les nerfs qu'il tend et détend au gré de la volonté. Il est l'esprit de vie; sa couleur est celle de l'étincelle électrique; de là lui vient le nom de *feu vivant* dans les ouvrages des mages de la Perse, et d'*astre interne* dans les alchimistes et astrologues du moyen âge: mot charmant qui rappelle que, de même qu'au ciel les rayons sont les liens de la solidarité respective qui unissent les astres et harmonisent leur course, de même sur la terre les regards, ces rayonnements de l'esprit de vie, sont la chaîne mystérieuse qui, à travers l'espace, relie sympathiquement les âmes.

Une de ses principales vertus est la force; aussi, les philosophes hermétiques lui donnèrent le nom de *mercurius vivus*, mercure vivant; car plus il abonde en un être, plus cet être est vivace, plus un impérieux besoin de mouvement le sollicite à agir. Virgile, par les lèvres d'Anchise, au vers 722 du VIe livre de l'*Énéide*, dévoile en ces termes son rôle dans le mouvement du monde:

« Dès le principe, le ciel, la terre, les plaines liquides de la mer, le globe lumineux de la lune et les astres titaniens furent nourris intérieurement par l'esprit, essence infusée dans les veines du monde, *qui donne le mouvement à la matière* et s'incorpore à elle; il est la vie des hommes et des diverses espèces d'animaux qui peuplent la terre, des oiseaux qui volent dans l'air et des monstres qui nagent au fond de la mer. »

Chaque jour la chimie, grâce à la perfection de ses instruments d'analyse, découvre des éléments nouveaux; elle ne s'arrêtera que lorsqu'elle aura reconnu l'existence de ce fluide, esprit de lumière et de vie, comme principe animateur (*vis motrix*) de tout ce qui existe ici bas; car le livre de la Bible nous apprend que la première parole du verbe créateur de Dieu fut *fiat lux*, que la lumière soit!

Un des caractères de l'esprit est l'universalité. Deux exemples, que nous empruntons aux découvertes modernes de la science, le démontreront d'une manière irréfutable. Si la locomotive emporte à travers l'espace les chars qui y sont attachés, c'est que, comme nous l'avons démontré dans un de nos précédents ouvrages, l'eau vaporisée par le feu contient cet esprit universel de lumière et de vie qui, en vertu de sa nature universelle, aspire à être partout véritablement jaloux de justifier son titre; il lutte avec furie contre les obstacles qui lui sont opposés; c'est cette lutte incessante qui produit le mouvement. C'est en vertu de ce caractère que le télégraphe électrique a fait de l'éclair le courrier de la pensée humaine.

Nous avons tenu à rappeler les grands principes avant d'aborder les phénomènes des tables tournantes qui ont en ce moment le privilége d'occuper l'attention publique, c'est d'une manière exclusive, car nous ne saurions assez le répéter : si c'est l'ignorance qui rend les hommes crédules, c'est la science profonde des mystères de la nature qui les rend croyants.

« La volonté, nous disait un jour Balzac, est la force motrice du fluide impondérable, et les membres en sont les agents conducteurs. » Cette admirable formule une fois comprise, il est aisé de concevoir comment l'homme peut infiltrer sa vie, son essence, sa force, dans les membres d'un autre par les passes magnétiques et pour ainsi dire vivre en lui, et au gré de sa volonté, lui transmettre ses pensées, l'impression de ses impressions, et en faire un instrument docile de ses fantaisies. Non-seulement l'homme peut animer de sa vie un être vivant, mais encore un objet inanimé qui absorbera son essence vitale; car une des propriétés de l'esprit étant le mouvement, les personnes rangées autour de la table ne font que communiquer à cette table la source de tout mouvement en lui transmettant cette flamme de la vie que Dieu a mise en nos membres pour commander en souverain à la nature et triompher de ses rébellions : c'est le sceptre d'or de notre royauté terrestre.

Ces phénomènes, comme tous les phénomènes magnétiques, sont fugaces, et leur caractère constant sera la variabilité. Aussi nous ne pensons pas qu'ils puissent être d'aucune utilité pratique. Le seul avantage qu'ils auront, c'est de faire connaître aux hommes l'une des propriétés de l'esprit qui les animent, et de tourner les regards vers le magnétisme, cette clef d'or des sanctuaires antiques qui, chez certains êtres privilégiés, produit le somnambulisme, la seule science qui démontre l'immortalité de l'âme; de même que les astres dans la course harmonieuse de leur globe d'or, qu'ils roulent avec majesté au-dessus de nos têtes, selon la belle expression du prophète David, racontent la gloire de Dieu; de même ces tables qui tournent sous une influence magnétique, viennent proclamer la vérité de nos doctrines philosophiques au moment où, dans un ouvrage intitulé *l'Éternité dévoilée*, nous allions initier nos lecteurs à la vie future des anges, des esprits et des âmes ressuscitées.

Henri DELAAGE.

AVANT-PROPOS HISTORIQUE.

> « Il est des idées qui sont dans toutes les poitrines des hommes intelligents. »
> MAXIME DUCAMP.

Ce fut à Brême, au mois de janvier de cette année, qu'eut lieu la première expérience du phénomène, dont la nouvelle, rapide comme la foudre, va se répandre à travers l'Europe émerveillée. Comme la plupart des grandes découvertes qui ont marqué leur passage dans ce monde, l'annonce de la nouvelle force motrice est d'abord accueillie avec un sourire de pitié. Patience, la lumière va se faire, et c'est de l'humble salon d'un négociant de Brême que jaillissent les premières lueurs. Un instant encore, et aux feux de cette clarté immense, quoique née dans un si petit théâtre, l'obscurité va disparaître, et avec elle le sceptique paganisme de la vieille Europe.

En historien fidèle, nous reproduisons ici la lettre par laquelle la *Gazette d'Augsbourg* apprend à l'Allemagne les merveilles de la *table tournante*. Cette pièce est désormais un document historique, et comme tel a sa place marquée dans cette notice.

F. SILAS.

Paris, 10 mai 1853.

LETTRE DE BRÊME.

On lit dans la *Gazette d'Augsbourg*, n° 94, 1853 :

« Depuis huit jours environ notre bonne ville est dans une agitation difficile à décrire. Elle est complétement absorbée par une merveille à laquelle nul ne songeait avant l'arrivée du vapeur de New-York, le *Washington*. On s'inquiète beaucoup moins du prix du tabac, ou du succès de la machine Ericson que du *table moving*, de la *table qui danse*. Il n'y a pas une maison chez nous où l'on ne s'occupe de cette promenade fantastique.

« Il ne s'agit pas ici d'un canard en style américain, d'une vanterie de quelque dame yankee de Londres. Un mystérieux problème est posé à la science; c'est à elle à le résoudre. Elle aura à expliquer comment le fluide qui émane de la main de l'homme, opère sur le bois d'une table avec assez de puissance pour la mettre en mouvement, sans que les objets environnants s'en ressentent. Il s'agit d'une expérience que tout le monde peut contrôler, de l'emploi d'une force à laquelle nul jusqu'ici n'a songé. La chose est d'une extrême simplicité. Vous connaissez depuis dix années la bonne foi de votre correspondant. J'ai été par hasard mis à même de constater l'authenticité du phénomène, et je vais vous le raconter sans phrases inutiles. Ce sera au lecteur à juger.

« Un négociant établi à New-York, originaire de Brême, reçut il y a quelques mois d'une de ses sœurs une lettre contenant une foule de plaisanteries ironiques sur *les esprits frappeurs*, et autres merveilles qui avaient cours aux États-Unis. Le frère pensa qu'il ne fallait pas se moquer à la légère d'assertions sérieuses, et contester *à priori* l'authenticité de la *danse des tables*. La sœur, à la réception de cette lettre, organisa immédiatement des expériences; elles furent faites dans un grand nombre de familles, et réussirent du premier coup. Les amis réunis partout furent témoins du prodige, et répétèrent chez eux les essais qui tous réussirent à un égal degré.

« Au bout de quelques jours, des centaines de personnes de toutes les classes avaient fait marcher des tables ; savants et ignorants, négociants et ouvriers, enfants et femmes, tous étaient également convaincus.

« Le jour de Pâques, un homme très-sérieux raconta à votre correspondant ce qu'il avait vu et éprouvé. Le nouveau phénomène fut importé d'Amérique, et quelque importance que j'attache aux balles de coton, j'avoue que je n'ai guère de foi dans le spiritualisme de nos bons amis et frères de par delà l'Atlantique. Du reste, dans l'occurrence, le doute était bien permis. Mais de tous côtés on apprend que les expériences ont réussi.

« Cependant il arriva par hasard, que le second jour de Pâques, dans une réunion du soir, à laquelle assistaient environ trente personnes, je rencontrai plusieurs amis de la famille du négociant de New-York, dont j'ai parlé. La conversation roula bientôt sur la *danse des tables*. Une jeune dame à l'œil clair et limpide me regarda fixement et me dit d'un ton de calme parfait : « Il me « serait très-facile de vous convaincre à l'instant de la vérité de « ce fait. Mon frère de New-York m'a donné des instructions. « J'ai déjà fait les premiers préparatifs. »

« Au bout de quelques instants on eut transporté au milieu du salon, couvert d'un tapis écossais, la table qui se trouvait près du sofa, et je priai, outre la dame en question, sept personnes de se placer autour de la table, à deux pieds de distance de celle-ci. La table était en acajou et de forme ronde, et pouvait peser 60 livres. Elle reposait sur quatre pieds.

« Sur les huit personnes qui avaient pris place autour de la table, il y avait trois hommes et cinq dames, âgés de seize à quarante ans. Dans le nombre se trouvait un étudiant en sciences naturelles qui venait d'achever sa physique, et qui était sceptique comme ses sept compagnons.

« La dame seule s'écria : « J'aurai bientôt les rieurs de mon « côté. »

« Quand tout le monde eut pris place, on forma la chaîne. Pour que les vêtements ne se touchent pas, on laisse entre les chaises un espace d'un pied. Dans le salon, brûlaient, outre plusieurs lampes, une trentaine de bougies. Il y fait clair comme en plein jour. On ne peut ni se toucher les pieds, ni toucher les pieds de la table.

« Les expérimentateurs ne sont en contact entre eux ou avec la table que par l'effet de la chaîne. Celle-ci est formée de manière que chacun pose ses deux mains sur la table (sans appuyer) et de son petit doigt touche le petit doigt de son voisin, de telle sorte que le petit doigt de la main droite de l'un repose sur le petit doigt de la main gauche de l'autre. Les spectateurs se trouvent tout autour, raillant les expérimentateurs. Après environ vingt minutes, une des dames déclare qu'il lui serait impossible de rester plus longtemps à la table ; elle se sent indisposée. Elle se lève brusquement et rompt la chaîne.

« Celle-ci est reformée à l'instant et la lacune est comblée. La chose traînait en longueur. Je vis à la pendule que la séance avait déjà duré plus d'une demi-heure. On commença à parler de se lever ; l'étudiant seul voulait rester, disant qu'il éprouvait une sensation magnétique dans le bras droit, sensation qui se porta bientôt avec plus de force encore dans le bras gauche. — Les autres dirent bientôt de même, et il advint que tous ceux qui formaient la chaîne furent envahis par le même fluide. Trois d'entre les expérimentateurs n'étaient pas de Brême et n'avaient jamais vu le reste des assistants. Tandis qu'un vieux monsieur me disait qu'il ne comprenait pas qu'on pût s'amuser à de pareilles folies, les dames qui étaient à la table poussèrent un cri, et ces sept personnes s'écrièrent toutes d'une voix :

« Elle marche, elle se meut ! » Et c'était la vérité. — D'abord la surface de la table commença à se mouvoir de haut en bas, puis la table se mit à se promener d'elle-même.

« Nous tous assistants, nous n'eûmes rien de plus empressé que de retirer les chaises de ceux qui devaient continuer à former la chaîne, et la table, toujours en contact avec les mains, marcha, allant vers le nord, et tournant sur elle-même avec une telle rapidité que les personnes qui formaient la chaîne pouvaient à peine la suivre.

« Sur l'avis d'un des spectateurs, quelques-unes des personnes formant la chaîne, mirent en contact leurs bras et leurs habits, et immédiatement la table s'arrêta immobile.

« Ensuite on reforma la chaîne et après trois minutes à peine la table se remit en mouvement, courant si vite que je crus à une course au clocher. Fatigué à la fin, on laissa là la table et nous la rapportâmes à sa place, devant le sofa où elle resta calme et immobile, recouverte de son tapis.

« Je prends sous ma responsabilité tout ce que je dis ici. On pourrait dire qu'il y a là-dessous une illusion. Mais il n'y a aucune raison de le supposer. Je crois que tout le phénomène s'expliquera de la manière la plus simple. Tous les sept individus, après une demi-heure, rendirent compte de la même manière de ce qu'ils avaient éprouvé. Chacun d'eux avait été sous l'influence d'un fluide, ressenti avec d'autant plus de force qu'il était assis à côté d'une personne plus sensible et plus nerveuse. C'est du plus ou moins d'intensité du fluide, que dépend le plus ou moins de rapidité dans l'accomplissement du phénomène. Il y a eu des exemples où il n'a fallu pour le réaliser que douze à quatorze minutes. Dans un autre cas, arrivé hier, il a fallu une heure et demie.

« Certains sceptiques ont engagé des émigrants robustes qui traversaient la ville et qui n'avaient encore aucune idée de la *danse des tables* à former la chaîne. Ils leur ont donné une pièce de monnaie, un dîner, un petit verre. L'expérience a toujours réussi.

« Le succès paraît plus assuré quand la chaîne est formée de personnes des deux sexes. Les petits enfants et les personnes très-âgées ne paraissent pas avoir assez de fluide pour en réunir la somme nécessaire. Il y a cependant des cas dans lesquels des enfants de quatorze ans ont réussi entre eux à produire le phénomène.

« Les savants de profession n'ont qu'à rechercher après cela la nature de cette force qui jaillit des mains de l'homme, et qui transmet la locomotion à un bois inanimé. Les mains qui forment la chaîne se sentent attirées toutes ensemble par la surface de la table. On ne peut rompre la chaîne quand la table se met en mouvement.

« Ce mouvement consiste d'abord dans une sorte de roulis. Après cela commencent la marche et la rotation sur l'axe du meuble. On est d'accord, en général, pour dire que le mouvement se fait vers le nord. La rotation se fait de gauche à droite, mais le contraire est parfois arrivé.

« On voit qu'il est très-facile de faire l'expérience et de se convaincre par ses yeux et ses mains. Je ne sais si les expériences réussissent avec des tables en fer ou en un bois autre que l'acajou. A Brême on ne s'est servi que de tables en acajou.

« On fera bien pour les expériences de mettre ensemble des personnes de tempéraments divers et de sexes différents. Le mouvement se fera plus vite et sera plus rapide. Pour le reste, la science découvrira aisément la loi du phénomène. Un savant de cette ville fait en ce moment des expériences avec une boussole en main. Je n'ai pas voulu manquer de vous communiquer ce que j'ai vu. Il y a dans tout cela du plaisant et du sévère, des éléments de discussion pour les facultés, et des railleries pour les journaux charivariques. »

Signé : « D' ANDRÉ. »

EXPÉRIENCES FAITES EN ALLEMAGNE.

PHÉNOMÈNES TRÈS-CURIEUX.

Nous réunissons ici les différents extraits que nous avons puisés dans divers journaux et feuilles périodiques de l'Allemagne. Nous en avons sans doute omis beaucoup, mais il faudrait un volume entier pour contenir l'histoire des innombrables essais faits jusqu'à ce jour. Nous avons dû nous en tenir aux plus saillants.

PHÉNOMÈNES DES TABLES TOURNANTES ET PARLANTES.

DANGERS POUR LES OPÉRATEURS.

Il paraît que le mouvement des tables s'étend déjà aux autres meubles. A Berlin, quelques personnes ont essayé de faire tourner une chaise et un fauteuil, et l'expérience a réussi au bout de deux minutes. Il est vrai que les opérateurs venaient précisément de faire danser une table, et ce fut la même chaîne qui servit à faire mouvoir la chaise. Parmi les spectateurs se trouvait un incrédule. Afin de le convaincre, on imagina le moyen suivant : l'incrédule se mit devant une glace, animé du désir de ne point coopérer au phénomène animé qu'on allait essayer de produire. On forma ensuite la chaîne autour de lui, en superposant les petits doigts au-dessus de sa hanche. Après deux minutes, l'incrédule non-seulement annonça qu'il semblait qu'il allait tourner sur lui-même, mais encore et tout aussitôt il commença à tourner vers le nord jusqu'à ce que son dos fût en face de la glace. Une autre personne essaya également l'expérience, et réussit comme la première. Enfin, le phénomène fut encore répété sur des objets divers, tels qu'un tapis de table plié, un cahier de musique, une casquette, et tout cela tourna avec un merveilleux ensemble.

— Un professeur de Cologne, M. Weidkoffen, donne en ce moment à Hambourg des représentations publiques de ce qu'il appelle la danse galvano-électro-magnétique des tables, le tout avec accompagnement de musique. Il procède en formant la chaîne. On raconte qu'au bout de quarante-six minutes, la table, entraînant avec elle les opérateurs, est sortie de la salle par l'entrée principale.

— Voici le compte-rendu d'une expérience faite à Vienne dans le *Tempelhof*, le 17 avril. Nous traduisons textuellement :

« Il est cinq heures de l'après-midi, deux messieurs et trois dames s'asseoient autour d'une table ovale en acajou. Cette table repose sur un arbre pourvu lui-même de trois pieds, dont deux seulement ont des roulettes. La troisième roulette manquait. Ces cinq personnes posent leurs mains sur la table et forment une chaîne. Au bout d'une demi-heure deux de ces dames accusent un fort courant dans les bras et les épaules, ainsi que de la chaleur dans la tête. Bientôt l'accumulation du fluide est telle que le bras droit d'une de ces dames est pris d'un tremblement violent à ce point qu'elle craint de ne pouvoir continuer l'expérience. Cependant elle surmonte la douleur : quatre-vingts minutes s'écoulent. Enfin un mouvement se fait sentir dans la table et tout à coup celle-ci se met à tourner sur elle-même en avançant de l'est au nord avec une telle rapidité que les opérateurs qui viennent de se lever en sursaut peuvent à peine la suivre. Au même instant et à la grande terreur de tous, une des dames tombe par terre saisie d'un accès de catalepsie accompagné de larmes. Cette infortunée est bientôt suivie d'une seconde dame, et toutes deux restent ainsi étendues pendant dix ou quinze minutes. On s'empresse d'aller quérir un médecin, mais à son arrivée l'accès avait cessé, et les sujets avaient recouvré leur connaissance. Seulement ces dames accusaient une grande lourdeur dans les pieds qui tremblaient encore. Mais ce dernier symptôme disparut également après vingt minutes et les dames dont la bonne humeur était revenue voulurent continuer l'expérience, ce qui, comme on le comprend, leur fut refusé. A ce moment trois dames et un monsieur qui venaient d'arriver s'asseoient à la table auprès des trois personnes qui restaient et posant leurs mains sur la table, l'expérience est reprise. Au bout de quatre-vingts nouvelles minutes la table recommence sa course dans la même direction, mais cette fois sans qu'il survienne ni crampes ni évanouissements.

— Autre observation : celle-ci paraît encore plus extraordinaire. Il s'agit d'un ouvrier berlinois qui, pour nous servir de son expression, s'en rapporte à *ses cinq sens* qu'il assure être très-sains. L'expérience a eu lieu le 17 avril à trois heures et demie de l'après-midi. L'ouvrier s'asseoit avec trois enfants âgés de dix ans et demi, de quinze et de seize ans autour d'une petite table d'acajou. Après trois quarts d'heure l'aîné de ces trois garçons perdant patience se retire et est remplacé par un autre enfant. Ils continuent de poser leurs mains pendant encore une petite demi-heure, quand la table se met à osciller d'abord faiblement, puis plus fort. Enfin elle penche d'un côté et reste debout sur un pied. Alors le père commande *à droite* et aussitôt la table obéit en faisant un tour dans cette direction. Il commande *à gauche* et le meuble obéit encore. Le père demande ensuite à haute voix : Quel est mon âge? La table s'arrête, lève le pied et tappe trente-huit fois et un dernier coup plus faible comme si elle voulait indiquer que le demandeur n'avait pas trente-neuf ans révolus. A la seconde question qui est celle relative au jour anniversaire de la naissance de l'ouvrier, la table frappe quatre fois pour indiquer le mois d'avril (quatrième de l'année), puis ensuite dix-neuf fois pour marquer le jour. C'était exact. Les garçons interrogèrent de même et chacun reçut une réponse précise et conforme à la vérité. L'expérimentateur ajoute que les personnes seules qui ne se trouvent pas dans la chaîne ne reçoivent pas de réponse. L'expérience continue : le père commande encore : *Danse*, et la table danse en faisant les bonds les plus bizarres. Il dit : *Couche-toi*, et la table se couche par terre. Enfin il lui ordonne de se relever et le meuble obéit toujours.

Cette observation si merveilleuse semble indiquer la présence dans la table de ce que les Allemands appellent *Klopfylester* : (*Esprits frappeurs*). L'ouvrier ajoute que l'expérience réussit mieux dans une chambre chauffée et lorsque les mains elles-mêmes sont chaudes.

— Les médecins allemands conseillent aux personnes nerveuses de ne point se mêler aux expériences de la table. Il est certain que des dames se sont évanouies bien avant que la table se fût mise en mouvement. Il est possible que ces accidents aient pour cause la surexcitation que produit l'attente du succès ou de l'insuccès de l'expérience, surexcitation analogue à celle qu'éprouve le joueur passionné assis devant le tapis vert. On raconte qu'un homme très-robuste, qui avait vainement essayé pendant une heure de faire mouvoir la table, fut pris d'un tremblement tellement violent qu'il put à peine tenir entre ses mains un morceau de pain qu'il désirait porter à sa bouche. Les oscillations étaient si fortes qu'il mordit ses doigts à chaque fois qu'il approchait le pain de ses lèvres. Cet homme dit ensuite qu'il lui avait été absolument impossible d'empêcher l'entrechoquement de ses dents.

— Un médecin de Leipsick écrit qu'il faut se mettre en garde contre les dangers qui peuvent résulter d'une expérience imprudemment faite. Dans son opinion, certaines maladies peuvent se communiquer par l'intermédiaire du fluide qui émane des opérateurs. Parmi les maladies qui se sont transmises ainsi, on cite jusqu'à des affections goutteuses. D'un autre côté, on a remarqué que l'expérience a eu souvent pour effet de produire des oppressions, des palpitations de cœur, des vertiges, des évanouissements, des catalepsies, des congestions, des vomissements et d'autres accidents.

— Le *Correspondant de Nuremberg* a reçu une communication officielle du maire de Roth, qui annonce qu'à la date du 15 avril un négociant israélite de passage dans la ville, était *mort subitement* pendant qu'il prenait part à une expérience de table tournante.

A Vienne (Autriche), un garçon de seize ans est à la mort par suite de la même cause.

— Une jeune fille de neuf ans, de Halle, où la *danse des tables* est devenue une véritable manie, soulève en ce moment l'attention générale. La puissance motrice de cette enfant est telle que beaucoup de familles la font venir pour admirer les merveilles qu'elle produit. Ainsi, il lui suffit de poser la main sur une table mouvante pour que celle-ci tout aussitôt la suive dans toutes les directions qu'elle veut lui faire prendre.

Cas de folie causée par le mouvement des tables. — Une

cordonnière de Liegnitz demanda, à une table en train de tourner, de lui dire combien de temps elle avait encore à vivre. Deux coups frappés par le meuble furent la seule réponse. La cordonnière en fut tellement terrifiée qu'on craint sérieusement pour sa raison.

— Nous avons dit que la danse des tables avait déjà causé bon nombre d'évanouissements, de convulsions et d'autres accidents, et voici que la *Gazette de Munich* annonce ce qui suit : « Un maître tanneur, du nom de Benario, se trouvant de passage à Roth, vient d'être frappé d'une attaque d'apoplexie dans les circonstances suivantes : cet homme, déjà souffrant d'une goutte, avait pris part à deux expériences infructueuses. Au moment de toucher le seuil d'une chambre où un troisième essai venait de réussir, essai auquel il ne s'était point mêlé, il tombe subitement à la renverse, et expire au bout d'un quart-d'heure. » La *Gazette de Munich* termine son article en avertissant les personnes prédisposées à l'apoplexie de ne point prendre part à des expériences de table tournante.

ANALOGIES DES TABLES AVEC LES BALAIS DES SORCIÈRES.

Nous recevons d'Erfurth la communication suivante. L'époque dans laquelle nous vivons semble vouloir produire tous les jours de nouvelles merveilles. Un professeur, assistant à une expérience de table mouvante, eut l'idée de rechercher si la légende de ce que les Allemands appellent *la Walpurgisnacht (nuit de Saint-Vaubourg, nuit du premier mai, sabbat des sorciers)* reposait sur quelque base réelle. Qu'on ne se hâte pas de rire et qu'on essaye plutôt, et, puisque nous sommes en train de soulever un coin du voile qui nous cache la nature, ne craignons pas de sonder les mystérieux replis de l'infini. Voici l'expérience : il s'agit de se transporter au moyen d'un manche à balai. Quelque triviale que soit l'expression, on nous la pardonnera. On prend un manche à balai ordinaire, on couvre un des bouts d'une feuille de papier argenté et l'autre d'une feuille de papier d'or. On adapte à chacun des deux bouts un petit crochet auquel on fixe une mince chaînette métallique, de moitié plus longue que le manche du balai. On peut remplacer la chaînette par une corde métallique de piano, de harpe, etc., en choisissant celles de cuivre de préférence à celles d'acier. Muni de cet appareil, l'expérimentateur, qui doit être revêtu d'un gilet de laine touchant immédiatement sa poitrine, se met à cheval sur ce manche de balai, et passe la chaînette sur son épaule gauche. Puis, ayant muni sa main droite d'une queue de renard, il en fouette l'extrémité du manche. Au bout de deux heures d'exercice, quelquefois même déjà après vingt minutes, l'expérimentateur remarque un soulèvement sensible, qui, une fois produit, augmente rapidement et devient bientôt très-intense. Il est important pour réussir cette expérience étrange, mais qui peut s'expliquer par la puissance galvano-électro-magnétique, que l'expérimentateur à cheval sur l'appareil imite les mouvements par lesquels on retient le galop d'un cheval.

— Voici un fait assez curieux que nous trouvons dans la *Nouvelle Gazette de Prusse* du 29 avril : « Un habitant de Magdebourg, M. B..., qui s'occupe, lui, du *mouvement des assiettes*, voulant arriver à une explication simple du phénomène de la *danse des tables*, a fait l'expérience que nous rapportons, et que chacun peut essayer à son tour. Il posa une petite assiette unie et plate en bois sur un verre à boire. Ceci fait, lui et une autre personne mirent leurs mains sur cette assiette et formèrent la chaîne. Au bout de cinq minutes, l'assiette se mut, d'abord doucement, puis plus sensiblement, et enfin d'une manière très-visible. Le mouvement perceptible à l'œil s'opéra exactement à chaque pulsation de l'expérimentateur. Ils répétèrent l'expérience sans former la chaîne, et le succès fut le même. Continuant ses recherches, M. B... posa seul ses mains sur l'assiette, et, après un peu plus de temps, le résultat fut tout aussi remarquable. Enfin, n'y mettant qu'une main, l'expérience réussit encore, et cette fois même avec un seul doigt. Mais ce n'est pas tout ! l'assiette s'arrêta dès qu'il le voulut ; et il suffisait pour cela qu'il détournât les yeux de l'assiette, et que les doigts exerçassent involontairement une légère pression, qui interrompît la vibration des fibres ligneuses du bois. L'assiette ne tourne point du sud au nord, mais bien de gauche à droite, ce qui ne serait peut-être pas difficile à expliquer. Tout ce qui précède peut également et très-naturellement s'appliquer à la table, seulement pour cette dernière expérience, il est nécessaire d'employer plus de puissance. »

— L'ex-député à la première chambre, le lieutenant colonel en retraite, M. de Forstner, publie dans la *Gazette de Spener,* un rapport d'une expérience de table mouvante et frappante, faite en sa présence, et à laquelle il a lui-même pris part. Dans cette expérience, M. de Forstner affirme que la table a parfaitement répondu à toutes les questions.

M. le docteur Cron, médecin en chef de l'arrondissement de Schlawe, communique l'observation d'un cas où une dame s'étant mise à une table tournante fut prise d'une attaque de nerfs compliquée d'accidents maladifs.

EXPÉRIENCES FAITES EN FRANCE.

Les observations qui suivent sont extraites de quelques journaux français. Tout le monde a pu les lire grâce à l'incroyable publicité qui a été donnée à ce phénomène si surprenant, des tables tournantes. Nous les reproduisons ici uniquement pour donner à cette notice un ensemble historique et pour mettre nos lecteurs à même de répéter les expériences en connaissance de cause. Il y a d'ailleurs encore un autre intérêt dans cette reproduction ; c'est que ces observations faites dans notre pays par des hommes sérieux, dont quelques-uns mêmes revêtus de la robe universitaire, offrent toute garantie d'authenticité. En terminant nous répéterons l'épigraphe qui est en tête de cette notice : *vide, et noli esse incredulus.* Que chacun donc essaye par lui-même, et s'il suit les instructions qui précèdent, le succès couronnera ses efforts.

LES SPECTRES ET LES FANTOMES DES VIEUX CHATEAUX.

Avant de passer aux essais dont les journaux français ont rendu compte, nous croyions curieux de parler d'un phénomène analogue observé il y a onze ans.

C'était en 1842 à Châtillon-sur-Marne. Une dame veuve très-effrayée d'entendre les meubles de la chambre se heurter et s'entrechoquer pendant quinze nuits consécutives toujours à l'heure de minuit, et sans qu'aucune cause apparente pût expliquer cet étrange phénomène, vint trouver le somnambule Victor Dumez dont la merveilleuse lucidité commençait à faire grand bruit dans le monde savant, pour lui demander l'explication de cet inquiétant mouvement et connaître le moyen de le faire cesser. Victor endormi par un député honorable, M. Loison de Guinaumont, déclara que le prétendu sort n'était autre chose que le résultat de certains courants magnétiques qui s'étaient concentrés en cet endroit, et que ce phénomène disparaîtrait sous l'influence d'un changement de température. M. Loison de Guinaumont qui savait par expérience combien était grande la lucidité de Victor, prit note du fait et eut le bonheur de voir la prédiction du somnambule se réaliser à la lettre. L'observation de ce fait existe encore dans les papiers de M. de Guïnaumont et sera sans doute publiée un jour.

Cette histoire nous remet en mémoire des légendes qui, au milieu des campagnes se transmettent de génération en génération et font considérer certains vieux châteaux comme hantés des spectres et des fantômes fort redoutés des paysans. Il était temps que les phénomènes de la table, du chapeau, etc., vinssent confirmer l'explication si rationnelle de Victor rapportée plus haut.

—L'*Opinion du Midi* contient le récit suivant d'une expérience faite à Nîmes, au sujet des tables rondes soumises à l'influence magnétique :

« C'était hier, dans l'après-midi ; notre savant ami, M. Édouard Boyer, professeur de physique et de chimie à la Calade, avait bien voulu se rendre dans nos bureaux pour satisfaire notre curiosité. Un guéridon en bois de noyer verni, monté sur trois roulettes, servit à l'expérience. Six hommes le circonscrivirent en formant la chaîne avec leurs mains posées à plat sur ses bords ; elles se reliaient à l'aide des pouces superposés, et chaque individu touchait à l'autre au moyen du petit doigt droit qu'il appliquait sur le gauche de son voisin. La chaîne ainsi établie ne présentait aucune solution de continuité.

« Au bout de quelques minutes, un léger frémissement du guéridon nous révéla la naissance du phénomène attendu. Deux ou trois oscillations succédèrent ensuite à des intervalles très-rapprochés. Peu après, les personnes mises en contact éprouvèrent des fourmillements aux doigts, de légères contractions nerveuses et des pulsations précipitées dans les veines artérielles. Enfin, sept minutes s'étaient à peine écoulées, lorsque la table se mit en mouvement. La rotation, lente d'abord, devint de plus en plus rapide et finit par entraîner les expérimentateurs avec une vitesse étourdissante. Au bout de quelque temps de cette ronde infernale, le vertige les força d'abandonner le guéridon qui s'arrêta aussitôt.

« La chaîne ayant été reformée, le mouvement circulaire s'est renouvelé en moins de deux minutes.

« A partir de ce moment le fluide magnétique, dégagé en abondance, a manifesté une série de phénomènes extraordinaires. Ainsi, il a suffi que M. Boyer seul posât ses mains sur la table pour lui communiquer l'impulsion la plus énergique. Un jeune homme de vingt ans, d'une corpulence très-robuste, s'est même assis sur le guéridon sans que le mouvement rotatoire ait pu être ralenti.

« On a prétendu que le courant s'établissait invariablement du pôle austral au pôle boréal. C'est une erreur. Une fois la chaîne rompue, il suit les directions inverses ; il va de gauche à droite et de droite à gauche alternativement.

« L'expérience faite sur un chapeau a été aussi parfaitement concluante. En moins de trois minutes, le feutre s'est mis à tourner très-rapidement. Il en a été de même pour une corbeille d'osier travaillée à jour. »

LES TABLES TOURNANTES.

— Plusieurs professeurs du lycée de Bourges, un ancien rédacteur du *Journal du Cher*, des dames, des jeunes gens se sont réunis le 1er mai pour décider qui avait raison des crédules ou des incrédules.

Voici les faits vus par tous et qui dépassent tous les rapports insérés jusqu'ici dans les journaux :

Cinq messieurs établirent la chaîne autour d'une table d'acajou, d'un mètre de diamètre, portée sur quatre pieds à roulette. Il faisait chaud, les mains étaient humides; il y avait peu de temps qu'on était sorti de table. Ces conditions favorisèrent sans doute le phénomène. Il commença à se produire au bout d'un quart d'heure. Chacun ayant le petit doigt de la main gauche sur le petit doigt de son voisin, la table se mit à tourner de droite à gauche. Cinq minutes après, le mouvement était devenu si rapide qu'il devint très-difficile de le suivre. On voulut changer la direction du mouvement en intervertissant la position des petits doigts. On le fit en cessant de se tenir. Le mouvement demeura complétement interrompu.

L'expérience était concluante, mais incomplète. Trois des acteurs de la première expérience, et deux nouveaux se mirent à faire la chaîne. Était-ce moins bonne disposition de ceux-ci, fatigue de ceux-là? Il fallut attendre *soixante-cinq* minutes avant de voir le plus léger mouvement se produire. Au bout de ce temps, la table recommença à tourner, d'abord lentement, puis avec la même vitesse que la fois précédente. Après l'avoir suivie plus de cinq minutes dans la même direction, on la fixa en appuyant fortement les mains, et l'on fit passer en dessous les petits doigts qui étaient dessus, sans qu'ils cessassent de se toucher ; les mains cessant aussitôt d'appuyer, on vit la table tourner avec la même vitesse dans le sens opposé.

Maître de l'instrument qu'on pouvait suivre, arrêter, faire tourner à droite, faire tourner à gauche, on varia de toutes manières l'expérience.

1° Quatre mains furent neutralisées pour la direction ; c'est-à-dire que deux personnes avaient les deux petits doigts en dessus, deux autres les deux petits doigts en dessous ; la table tourna dans la direction imprimée par la cinquième personne, de droite à gauche, celle-ci ayant le petit doigt de la main gauche en dessus.

2° Trois personnes retirent une main, le pouce de celle qui restait sur sur la table jouant le rôle du petit doigt de l'autre ; le phénomène se produisit de la même manière.

3° On interrompit la chaîne, la table continua à marcher. On changea même la direction de son mouvement sans rétablir la chaîne.

4° On cessa entièrement de toucher la table et de se tenir. Deux ou trois minutes après, la chaîne fut reformée par les mêmes personnes et dans le même ordre ; la table était demeurée docile et faisait les mêmes mouvements avec la même vitesse.

5° Les mêmes personnes, restant autour de la table, changèrent seulement l'ordre dans lequel elles étaient placées, le phénomène continua à se produire.

6° Des personnes prises au hasard dans la société vinrent s'intercaler dans la chaîne, puis prendre la place de quelques-uns des premiers acteurs, rien ne changea ni dans le mouvement ni dans la vitesse.

7° Les cinq personnes qui avaient magnétisé la table étant toutes retirées, la table continua à se mouvoir sous le contact de toutes les personnes qui vinrent successivement former la chaîne.

8° Enfin, quand on poussait les mains au-dessus de la table, sans presque la toucher, de manière à les rapprocher d'un même côté, la table, au lieu de tourner, allait en ligne droite de ce côté, puis revenait sur elle-même également, en ligne droite, quand les mains se rapprochaient à l'extrémité opposée. Si elle rencontrait une rainure du parquet qui arrêtait les roulettes, bien qu'aucune main n'appuyât, elle tombait en avant comme sous l'action d'un poids invisible.

Ces faits ont été scrupuleusement observés pendant trois heures entières par plus de vingt personnes.

Sans en tirer aucune induction, les personnes qui les ont vus se proposent de renouveler leurs expériences. Elles vous communiqueront immédiatement les résultats nouveaux qu'elles pourraient obtenir. Elles prient en même temps ceux des lecteurs de votre journal qui feraient quelque découverte, de la communiquer au public par la même voie qu'elles ont prise. La science est une œuvre commune pour laquelle le travail de chacun doit aider le travail de tous et le travail de tous celui de chacun.

V. RATIER.

— Nous recevons de Strasbourg la lettre suivante :

« Je me fais un devoir de vous annoncer la véracité du fait que l'on appelle en Allemagne la *danse des tables*. Tous ces faits magnétiques ont été expérimentés par les élèves de la faculté de médecine, et le résultat est en tout conforme aux assertions de nos voisins.

» Autour d'une table sans métal, autant que possible, se range un nombre de personnes proportionnel au diamètre de cette table (six à huit personnes par mètre). Ces personnes doivent ne communiquer avec la table et entre elles que par les mains ; avec la table, par une partie ou la totalité de la surface des mains, entre elles par le petit doigt, l'un couvrant le doigt voisin de gauche à droite ou *vice versâ* indifféremment. Au bout de trente à soixante minutes, quelquefois moins, la table s'incline et bientôt tourne sur elle-même.

» Il suffit de deux personnes pour imprimer à un chapeau un mouvement de rotation ; cette expérience ne demande que quatre à cinq minutes.

« Une personne seule fait tourner à gauche ou à droite une montre suspendue, selon qu'il présente la face externe ou interne de la main.

« Agréez, etc. »

— Une troisième lettre nous rend compte d'une expérience faite à Paris même :

« Hier 1er mai, Paris a eu sa danse des tables. J'ai invité plusieurs de mes amis des deux sexes ; au nombre de douze nous nous sommes mis à actionner une table en noyer (forme carrée) à roulettes. A dix heures moins vingt-cinq minutes, nous avons commencé l'opération. A dix heures cinq minutes, la table a bougé et a commencé sa rotation de droite à gauche, de gauche à droite, pendant trente minutes, sans discontinuer. Lassés, nous nous sommes arrêtés, et avons expérimenté sur un chapeau ; cinq minutes ont suffi, et la rotation du chapeau a été tellement forte que, quatre hommes que nous étions, nous ne pouvions courir assez vite : nous nous sommes arrêtés de fatigue. Nous recommençons ce soir dans un autre local et sur une table plus forte, devant des témoins appartenant à la science.

J'ai l'honneur, etc.

« CHALAIN,

« Place Boïeldieu, 3, en face l'Opéra-Comique. »

2 mai 1853.

— Nous lisons dans l'*Union médicale* :

« Nous engageons nos confrères à ne pas se laisser impressionner par l'étrangeté et le merveilleux des phénomènes dont il est tant question dans ce moment, des tables mouvantes et roulantes. Qu'ils fassent ce que nous avons fait nous-même, qu'ils expérimentent, et leur conviction ne tardera pas à se former sur la réalité de faits bien propres, il est vrai, à surprendre et même à émouvoir, mais qu'il faut savoir accepter. Hier dimanche nous avons fait vingt expériences qui ne nous ont laissé aucun doute sur la vérité du récit qu'a bien voulu nous faire M. le docteur Eissen, de Strasbourg. Nous reparlerons de tout cela samedi prochain. »

— Nous avons assisté hier à une petite expérience de table tournante qui s'est faite chez M. Charles Ledru, devant une assemblée d'élite, parmi laquelle nous avons reconnu la noble lady Clifford Constable, miss Chichester, MM. le marquis d'Urville, les docteurs Dumez, Grob de Jarembina, M. Graham, et ce savant docteur égyptien dont nous ne pouvons jamais retenir le nom, mais que tous les habitués de la Bibliothèque impériale connaissent bien. L'expérience s'est faite avec une petite table carrée en bois de noyer, ayant quatre pieds à roulettes. Il a fallu une demi-heure avant que la table se mît à tourner. La rotation d'abord lente, a bientôt augmenté, et, au bout de deux minutes, il nous a été impossible de résister à la force qui nous entraînait. Une autre expérience, faite avec deux dames, a moins bien réussi, et cela, croyons-nous, parce que les robes de ces dames touchaient à chaque instant les vêtements des expérimentateurs. Quoi qu'il en soit, tous les assistants ont constaté la merveille.

Au sujet de cette expérience, nous nous empressons d'ajouter qu'il est bon d'observer les précautions indiquées pages 15 et 16. L'auteur de cet article, qui, lui-même, a pris part à une des expériences, et à laquelle se trouvaient encore M. le comte de L. et deux autres personnes, l'auteur, disons-nous, à peine rentré chez lui, s'est senti pris d'un tremblement nerveux qui n'a cessé qu'au bout de plusieurs heures. Une violente céphalalgie et un malaise général qui ont persisté pendant à peu près vingt heures, ont terminé cet accident.

F. SILAS.

11 mai au soir.

INSTRUCTION PRATIQUE.

PROCÉDÉS A EMPLOYER ET CONDITIONS NÉCESSAIRES A LA RÉUSSITE DES EXPÉRIENCES.

1° Il semble des observations faites jusqu'à ce jour, que le nombre des personnes qui veulent produire le mouvement doit être impair de préférence, et qu'il ne doit pas être au-dessous de cinq. Ce nombre peut être augmenté suivant la dimension de la table.

2° On choisit des personnes des deux sexes, en prenant les hommes d'un âge de dix-huit à vingt ans, et les dames de seize à quarante ans. Les enfants paraissent n'avoir aidé efficacement à l'expérience que dans les cas exceptionnels.

3° Il est bon de placer les expérimentateurs de manière que les personnes liées entre elles par le sang ou l'amitié se trouvent l'une à côté de l'autre. On mettra donc côte à côte les époux, les amis des deux sexes.

4° La table doit être en bois, sans distinction de bois ni de forme. Ainsi des expériences faites avec des tables d'acajou, de sapin ou de chêne, de forme ronde ou ovale, ont également bien réussi. Il n'est pas non plus nécessaire que la table soit à pliant ou fixe.

Le poids est indifférent. Cependant on comprendra qu'une table très-lourde exigera un nombre plus grand de personnes, et conséquemment un développement plus grand de fluide comme aussi un temps plus long.

5° Les tables qui jusqu'à présent ont produit le meilleur effet, sont celles qu'on appelle tables de salon, de grandeur moyenne et de forme ovale, dont la plaque repose sur un arbre, se terminant lui-même par trois ou quatre branches (pieds) munies de roulettes. Les roulettes aident à accélérer le résultat.

Les tables ayant un seul pied au milieu sont d'autant meilleures, qu'il est plus facile d'éviter de le toucher.

6° Il n'est pas nécessaire que la table repose sur un tapis. Cependant l'expérience a démontré que la table tient mieux sur un tapis. Les expérimentateurs peuvent s'en passer.

7° La température de la chambre doit être moyenne et sèche. Des courants d'air subits suspendent l'action du fluide.

8° Après que toutes ces conditions ont été observées, les expérimentateurs s'asseoient ou se mettent debout autour de la table, dans l'ordre indiqué au § 3, et en ayant soin que les chaises soient assez éloignées de la table pour que chaque personne soit isolée et ne puisse toucher ni son voisin ni la table avec les pieds, les bras ou les vêtements. On forme ensuite la chaîne magnétique de la manière suivante : les mains sont appuyées sur la table, mais en conservant une attitude commode; les doigts sont écartés de manière que le petit doigt de la main droite se repose sur le petit doigt de la main gauche du voisin. Les mains elles-mêmes ne doivent pas se toucher entre elles.

9° Étant dans cette position les expérimentateurs attendent. Il est bon que les assistants ne s'approchent pas trop près des expérimentateurs, car un contact quelconque interromprait la transmission du fluide. Une main étrangère qui s'interposerait entre la chaîne, et sans même la toucher, suffit à interrompre le courant.

Plus les opérateurs fixent et concentrent leur volonté et leur idée sur l'expérience et plus celle-ci sera favorable et rapide.

10° Les premiers phénomènes qui se produisent sont une sensation de chaleur, qui semble parcourir comme un courant les mains, les bras et la poitrine. Ce symptôme est suivi d'un picotement dans les bras et les doigts, analogue à celui qu'on éprouve sur le tabouret de verre de la machine électrique. Quand on en tire des étincelles, ce picotement augmente graduellement, est souvent tout à fait interrompu, mais revient bientôt plus fort, pour peu qu'on persévère dans l'expérience.

Maintenant la main posée sur la table éprouve une sensation particulière, comme si la plaque de la table allait se soulever en formant des vagues, et bientôt après cette plaque commence d'abord faiblement, puis de plus en plus visiblement à osciller et à tourner de gauche à droite. On sent parfaitement le fluide électrique s'écouler des doigts et se pénétrer dans la table. A ce moment, si on maintient la chaîne bien fermée, en diminuant toute interruption de courant, on verra s'augmenter graduellement la rotation de la table, elle se soulèvera, et enfin se mouvra toujours de plus en plus rapidement dans la direction du sud ou du nord, suivant que la volonté s'est prononcée d'un commun accord pour l'une ou l'autre direction.

11° Quand la table commence à se mouvoir, on fait retirer par les assistants les chaises sur lesquelles les expérimentateurs étaient assis. Puis, étant debout on suit la table, en ayant soin de maintenir la chaîne des mains, mais en ne posant les mains que très-légèrement. Si la chaîne venait à s'interrompre, soit par le glissement des doigts, soit par le contact des vêtements entre eux ou contre la table, le mouvement magique cesse aussitôt. Pour le rétablir, il suffit de reformer la chaîne.

12° Le temps nécessaire au développement du fluide chiro-électrique varie suivant la plus ou moins grande susceptibilité et activité nerveuse des expérimentateurs. En général, il ne faut guère que vingt, rarement plus de soixante minutes, et ce n'est certes pas trop sacrifier à une expérience aussi surprenante, que d'employer si peu de temps à la produire. Les effets produits sur les expérimentateurs eux-mêmes sont également très-variables. Les uns éprouvent une grande lassitude et de la somnolence. Ainsi, nous avons vu s'endormir une dame pendant l'expérience. D'autres ressentent un malaise général et une surexcitation nerveuse, tels qu'ils sont obligés d'interrompre la chaîne. D'autres n'éprouvent rien du tout. Du reste, tous ces effets cessent habituellement dès que l'expérience est terminée. Cependant nous devons dire ici que quelques personnes nerveuses ont conservé après l'expérience pendant peu de temps une très-faible sensibilité.

Il est vrai que les faits que nous avons racontés au chapitre des expériences modifient essentiellement les procédés qui précèdent. Cependant nous avons cru qu'il était d'un intérêt historique de traduire la première instruction pratique qui a été publiée en Allemagne sous le titre de : *Chiro-électro-magnétisme* (de χείρ main)[1].

---

[1] Der Cheiro-electro-magnetismus, oder die Selbst bewegung und das Tanzen der Tische (Tischrücken). Berlin, 1853, une feuille in-16.

APPENDICE.

Pendant que cette notice était sous presse, de nouveaux essais ont été tentés à Paris. Le *Galignanis' Messager* du 30 avril rend compte d'une expérience faite chez un Américain haut placé, devant un public d'élite. Nous y avons vu, entre autres, deux membres de l'Institut, M. Appleton, beau-frère du célèbre poëte américain Longfellow, et le docteur Dumez. Toutes les expériences ont réussi d'une manière convaincante. Le phénomène des tables tournantes est actuellement hors de doute. La croyance magnétique qui hier était une folie, est aujourd'hui la science des sages.

Le comte Szapary, qui a consacré sa fortune avec une si invincible générosité à la propagation des bienfaits de la doctrine mesmérienne, nous a communiqué, mais trop tard pour être inséré ici, une explication théorique qui élucide cette curieuse question. Nous avons fait voir les dangers avec loyauté et franchise; mais de même que le poison est souvent un remède dans des mains intelligentes, de même les tables tournantes dans les mains de l'illustre savant hongrois vont devenir le germe d'une nouvelle méthode curative pour les maladies nerveuses devant lesquelles si souvent la science médicale est restée stérilement impuissante.

Nous réunirons dans un plus volumineux ouvrage les théories qui se sont produites, et nous examinerons celles qui vont éclore. Parmi les premières nous remarquons particulièrement la théorie du docteur Dumez, le savant médecin somnambule, le même dont il est question page 19.

La conclusion de ces phénomènes se résume dans ce mot si populaire du *Monde occulte* d'Henri Delaage : *Il y a bien des gens qui se croient des esprits forts, parce qu'ils nient le naturel, et qui sont tout simplement des esprits bornés.*

FERDINAND SILAS.

Paris, 10 mai 1853

Dans la nouvelle édition que nous allons publier, nous enregistrerons les nouvelles expériences qui seront parvenues à notre connaissance. Nous prions donc ceux de nos lecteurs qui auront été à même de voir quelques faits intéressants, de vouloir bien les communiquer aux éditeurs. Nous les recueillerons avec reconnaissance.

FIN.

TABLE DES MATIÈRES.

Introduction. Action motrice du fluide magnétique............ Page 3

Avant-propos historique... 7

Lettre de Brême... 8

Phénomènes des tables tournantes et parlantes. Dangers pour les expérimentateurs.. 12

Analogie des tables avec les balais des sorcières................. 16

Expériences faites en France..................................... 18

Les spectres et les fantômes expliqués par les tables tournantes..... 19

Instruction pratique pour faire tourner les tables................. 26

Appendice... 29

FIN DE LA TABLE.

Imprimerie de Ch. Lahure (ancienne maison Crapelet)
rue de Vaugirard, 9, près de l'Odéon.

www.ingramcontent.com/pod-product-compliance
Lightning Source LLC
Chambersburg PA
CBHW060529050426
42451CB00011B/1724